AF563031

UN PETIT CHAPITRE

CONTENANT

DE GRANDES VÉRITÉS.

PARIS. — IMPRIMERIE ET FONDERIE DE FAIN,
rue Racine, n°. 4, place de l'Odéon.

UN PETIT CHAPITRE

CONTENANT

DE GRANDES VÉRITÉS

sur

LES FAITS ET GESTES

ET L'EXTRÊME BONTÉ DE CES **MALINS** QUI VOUDRAIENT NOUS AFFUBLER ENCORE DE LEUR BIENHEUREUSE **RÉPUBLIQUE**

AVEC TOUTES LES DOUCEURS QUI EN DÉRIVENT,

sur

L'OISIVETÉ, LA FATUITÉ, LES IDÉES FAUSSES EN POLITIQUE,

et enfin

sur

le ton tranchant et l'acerbe critique de ces jolis messieurs qui ne doutent de rien, parce qu'ils savent, très-artistement,

mettre leur cravate.......

« Qu'importe, après tout, la critique de ces gens, qui, lorsqu'ils ont eu le rare bonheur de pouvoir tuer, à grands coups de lance, UNE PUCE sur le dos d'UN ÉLÉPHANT, sont fiers, droits et roides comme le cierge pascal de Saint-Pierre de Rome ! ! ! » (Page 9.)

Extrait d'un mémorable discours, prononcé au bivouac par le caporal PRÊT-A-BOIRE, *de la 49e. demi-brigade.*

PAR MALLET DE TRUMILLY,

Auteur de l'*Épître au Roi*, de l'*Épître sur les Associations*, de la brochure intitulée : *Français de toutes les classes, rallions-nous*, etc.

PARIS,

CHEZ DELAUNAY, LIBRAIRE, AU PALAIS-ROYAL.

1834.

UN PETIT CHAPITRE

CONTENANT

DE GRANDES VÉRITÉS.

Hommage, honneur et gloire à messieurs les vrais savans ! Certes, la France en renferme, en tout genre, plus que tout autre pays : elle en compte même de jeunes, de très-jeunes, mais ceux-là sont modestes.

Ce fait posé, cette vérité incontestable reconnue, le lecteur sentira que les vrais savans sont, ici, hors de question, et que je ne suis ni assez maladroit ni assez injuste pour oser attaquer ces illustres personnages, ces littérateurs si éminemment distingués, auxquels je porte le plus profond respect.

Ils ne manqueraient pas, d'ailleurs, de me rappeler sévèrement à l'ordre, si je jetais des pierres dans leurs jardins. Ils pourraient, même, fort bien et à bon droit, me fustiger de mains de maîtres, jouissance que je suis très-peu jaloux de leur procurer......

Vieux soldat, sans aucune prétention à la science, mais lancé dans l'espace dès l'âge de quinze ans, j'ai ouvert les yeux, j'ai souvent réfléchi, quand je n'avais rien de mieux à faire, et il est résulté de mon inspection de cette grande scène du monde, de ces réflexions qui ont jailli en foule de ma tête, passablement grosse, (durant ces nuits solennelles, où couché au bivouac, très-commodément sur le dos, je contemplais, tout à mon aise, la lune et les étoiles,) il est résulté la confirmation de l'extrême vérité de ce vieux dicton proverbial :

« *L'oisiveté est la mère de tous les vices;* »

j'ajouterai de tous les crimes, de tous les maux qui épouvantent, qui affligent, qui accablent la pauvre humanité.

Oh ! vive le bivouac pour les réflexions......

Vous conviendrez que l'imagination est, là, un peu moins resserrée que dans une mansarde, voire même que dans une chambre à coucher, de 30 pieds carrés, d'un puissant du siècle.

Que diable ! voulez-vous qu'on médite de bon ! de grand ! de sublime ! dans des espaces si étouffans?

Vive ! vive le bivouac : là point de murs, pas de plafonds; d'un élan on touche aux pôles, on pénètre dans les cieux. Au bivouac, sont exprimées avec la plus mâle franchise, avec cette éloquence native, ces pensées justes et éminemment patriotiques, qui ont fait dire, en tout temps et avec toute vérité, que l'honneur français fût-il foulé aux pieds, d'un bout du royaume à l'autre, par quelques milliers de misérables, se retrouverait toujours pur et intact au sein des camps, dans ses plus nobles foyers, dans les cœurs de nos braves soldats.

Riche d'une si aimable, d'une si honorable expérience, animé d'un zèle franc et cordial pour cette tourbe immense de si généreux, mais de si crédules jeunes gens, languissant accablés sous le poids honteux de cette pernicieuse oisiveté, *j'entre donc en matière*, et je crois devoir commencer par leur donner un bon conseil.

N'avez-vous rien à faire, mes chers amis ? (Et cependant quand on a de l'intelligenee, du cœur et de bons bras, il existe mille occupations pour une.) Eh ! bien donc, en attendant qu'une idée lumineuse vous apparaisse, détermine votre vocation, vous ouvre enfin une carrière; plutôt que de rester les bras croisés, que de battre le pavé, du matin au soir, d'un pied colère, avec les fers épais de vos jolies bottes, messieurs, *faites des pains à cacheter ou des allumettes.* Vous riez (ce qui vaut mieux que de se fâcher;) sans doute, le rire est bon, mais, ici, il est mal placé.

Ah! croyez, croyez donc, nous vous en conjurons, qu'il n'existe pas de sot métier, quand il fait vivre son maître, quand il l'occupe, quand il le détourne de mille funestes idées.

40 sous qu'on gagne et 6 francs qu'on ne dépense pas, ça fait 8 fr. par jour. Avec ce calcul on va loin, et si l'on ne s'arrondit pas toujours une brillante fortune, on vit heureux et tranquille. Essayez de ce régime, vous verrez qu'il a bien son prix et de plus, et alors, *et enfin* le pays pourra jouir d'un doux repos : l'agriculture fleurira, les arts prospéreront, mille et mille nouvelles branches d'industrie s'empareront de la scène; les capitaux qui dorment au fond des coffres ou enterrés dans les caves, reverront enfin le jour; des débouchés, en tout genre, vous seront ouverts, mes chers camarades, et vous conviendrez que ces immenses et bienfaisans résultats valent bien autant la peine de fixer un moment votre attention que le passage le plus corrosif de cette admirable Tribune, que le diable emporte!

Le fameux caporal Prêt-à-boire (et prêt à se battre, ça va sans dire, pour la cause de l'honneur,) le fameux et éloquent caporal Prêt-à-boire, mon digne maître, dont il sera plus d'une fois question dans ce petit sermon militaire, n'aurait pas mieux parlé, je vous le jure.

Cette innocente occupation, les pains à cacheter ou les allumettes, ou telle autre, de cette force, ne mine pas l'existence, ne brise pas le corps : là, comme on dit, « la lame n'use pas le fourreau. »

A quoi bon, mes chers jeunes camarades, vous brûler les yeux, en dévorant ces mille journaux, ces mille écrits incendiaires qui ne vous mettront jamais une belle pièce jaune de 40 fr. bien luisante et trébuchante dans votre petit gousset gauche ?

C'est là, là uniquement dans ces maudits journaux et dans ces infâmes libelles que vous puisez ce fonds de littérature *superlificocentieuse* (1) qui vous rend si fiers, si gonflés de votre petit mérite.

Quand on s'est bien bourré la cervelle, à 4 sous par tête, dans un cabinet littéraire, de trois mille raisonnemens, tirés par les cheveux, rangés en bataille en vingt-quatre colonnes, qu'on a bien serré sa cravate, ce qui donne des couleurs aux blonds et communique aux bruns un air conquérant irrésistible, quand, le cigare à la bouche, on a *subfumigé* en passant, trois douzaines de grisettes, d'une bouffée victorieuse, on affecte, alors, ce regard imposant, cette parole brève : on critique, *ex professo*, les lois, les mœurs, les chefs-d'œuvre des plus grands écrivains ; tout se résume en trois mots et en trois bouffées :

— Les lois, détestables, —

— Les mœurs, absurdes, —

— Les grands écrivains, ganaches. —

Bravissimo ! chers petits camarades, ne rien savoir et juger de tout, c'est délicieux.

Un auteur se produit-il modestement sur la scène, en émettant quelques idées saines, proclamant quelques vérités utiles ? houra ! houra ! sur l'éteignoir : cet homme a la bêtise de ne pas penser comme nos puits de science ; *la Tri-*

(1) Mot créé au bivouac par le caporal Prêt-à-boire, dont le nom fait autorité.

bune, la Gazette, le National, le Charivari; la Caricature, etc. haro! sur l'insolent; jugeons, jugeons sans lire, ou lisons à la hâte, glissons sur les beautés, appesantissons-nous sur les fautes de protes, sur quelques négligences, résultats inévitables d'une chaleureuse composition : *voilà notre esprit, à nous autres jeunes-France*......

Admirable! Mais si vous voulez bien me permettre, très-chers et doctes professeurs, de citer encore, de soumettre à vos sublimes intelligences, un des plus vigoureux *apophthegmes* de cet illustre caporal Prêt-à-boire, qu'il nous débitait à nous autres vieux soldats, les jours de grande parade, après avoir relevé son imposante moustache et humé, modestement, sa sixième goutte de *paille-de-fer*, ce que les bourgeois appellent de l'eau-de-vie; vous reconnaîtrez que certaines critiques, (telles que les vôtres,) absurdes, haineuses et surtout si débiles, si pauvres en raisonnemens, ne peuvent que glisser sur la cuirasse d'un ancien militaire.

Cet apophthegme, si j'ai bonne mémoire, le voici mot pour mot :

« Qu'importe, après tout, la critique de ces gens, (j'a-
» doucis singulièrement l'expression, l'inflexible caporal
» disait, *de ces animaux*,) la critique de ces gens, qui,
» lorsqu'ils ont eu le rare bonheur de pouvoir tuer, à
» grands coups de lance, une puce sur le dos d'un éléphant,
» sont fiers, droits et roides, comme le cierge pascal de
» *Saint-Pierre de Rome!* »

Oh! que le digne caporal avait raison; oh! qu'il existe de ces gens qui savent tout, sans avoir rien appris.

Mais à l'œuvre, à l'œuvre, chers petits blondins d'amour; et vous aussi formidables bruns aux formes herculéennes, donnez-nous donc quelque échantillon de votre faconde, une complainte *à la Geneviève de Brabant* en cinquante couplets bien rimés, pleins de génie, d'imagination, d'idées neuves; d'idées neuves *frottées de jeunes-France sur toutes les coutures!* Alors, nous vous admirerons et voire même, si, par impossible, vous nous prêtez poliment le flanc, nous, aussi, nous aurons à notre tour, le plaisir incomparable de vous critiquer.

Oui, il ne faut cesser de le répéter, l'oisiveté, la fatuité, en tout genre, la crédulité poussée jusqu'à la niaiserie pour certains charlatans, soi-disant politiques, sont le fléau, le trait caractéristique, la honte de notre époque.

Oh! combien je préfère ce brave Claude, modeste journalier, qui retourne mon jardin avec une vigueur, une dextérité, une grâce, un talent (que je n'atteindrai jamais,) à la plupart de ces grands faiseurs de bruit, qui vous tournent et retournent et torturent une période avec une prétention, qui essouffle les voisins..... Il y a de quoi en suer, tant c'est maniéré, sublime et absurde!

O! oui je le dis, je le pense en toute sincérité, j'aime infiniment mieux ce magnifique chou frisé, cette asperge colossale, cette superbe laitue pommée, fruits glorieux d'un travail utile, que tout ce galimatias double et triple, politico-poéti-romantique, de ces doctes novateurs que je n'ai pas le bonheur de pouvoir comprendre, moi et bien d'autres, ce qui, au reste, n'est pas étonnant, car je jurerais bien qu'ils ne se comprennent pas toujours eux-mêmes.

« Mais vous, maudit historien des hauts faits de cet » ennuyeux caporal Prêt-à-boire, dont vous nous rebattez » les oreilles, vous pauvre petit aristarque de province, » demeurant rue de la Madeleine, n°. 2, dans cette fa- » meuse capitale de 2,999 habitans et demi, dont s'honore » votre cher Charollais, au milieu de ses montagnes en » bosses et carabosses, vous, tout le premier, pourquoi » diable! vous mêlez-vous aussi d'écrire en prose et voire » même en vers, que nous avons trouvés (l'une comme les

» autres) même sans les lire, que nous trouvons et trou-
» verons toujours détestables, tenez-vous-le, une bonne
» fois, pour dit; pourquoi cette manie? qui nous ennuie,
» car nous ennuyer de tout, de tout ce que nous faisons
» et de tout ce que nous ne faisons pas, et enfin juger les
» livres sur la couverture, fut de tout temps notre bon
» plaisir. »

Certes, ce raisonnement est très-concluant et, de plus, les goûts sont libres, très-illustrissimes professeurs, mais vous me demandez pourquoi j'écris?

Vous le sauriez depuis long-temps, car je l'ai dit assez haut et assez souvent, si vous aviez regardé une seule fois sous la couverture, néanmoins je vais avoir l'honneur de vous le répéter.

Pourquoi j'écris? Parce que je désire ardemment d'être utile à mon pays, et à vous autres principalement, mes très-chers, très-ingrats et très-gentils petits camarades, parce que je ne puis m'empêcher de crier « casse-cou » quand je vois des aveugles se précipiter dans des abymes, parce qu'enfin ne réussirais-je, chaque fois, qu'à en éclairer, qu'à en sauver un seul, je croirais avoir beaucoup mieux employé mon encre et mon papier que ces détestables artisans de discorde qui, en trempant leur plume dans le fiel, égarent tous ces bons jeunes gens inexpérimentés, étourdissent la lourde intelligence d'une foule de braves ouvriers, amènent ces collisions sans cesse renaissantes, provoquent la destruction des propriétés, la ruine du commerce, et font couler le sang français par torrens....

O! vous héroïques soldats de notre vaillante armée, vous, sur qui, des misérables ont l'impudeur d'oser déverser le blâme, vous, si glorieusement et si malheureusement blessés, lors de ces dernières luttes sacriléges de Lyon et de Paris, vous tous pauvres blessés, ouvriers, jeunes gens de toute classe qui gémissez dans les hôpitaux, en attendant l'amputation d'un bras, d'une jambe, d'une cuisse : oh ! oui, sur vous, sur vous tous, nous versons des larmes......

Quel est donc le cœur français qui ne saignerait pas, en pénétrant, par la pensée, dans ces asiles de toutes les douleurs? Oh ! oui, nous vous plaignons tous, oui, tous sincèrement : n'êtes-vous pas tous des compatriotes, des amis, des parens, des frères !

Mais, aussi, qui n'appellerait mille malédictions et mille fois la prompte, l'inflexible vindicte des lois sur la tête de ces grands, de ces vrais, de ces seuls coupables, de ces moteurs dirigeant, de ces infâmes, qui lâchement blottis dans l'ombre, ont fait mouvoir tous les fils secrets de ces criminelles intrigues?

Les voyez-vous assis mollement sur le doux édredon de leurs boudoirs, où ils échangent nonchalamment leurs pitoyables lazzis, leurs vains propos avec quelques impures, où ils tournent avec grâce leurs cuillers de vermeil dans la riche porcelaine jaspée, arabesquée, dorée d'*or mat*, les voyez-vous humant la vapeur du délicieux Moka et lisant, en bâillant, les récits de ces déplorables événemens de Lyon et de Paris ! Tandis que, ô pauvres blessés, la scie crie sur vos os, sur vos os en tous sens brisés, fracturés; tandis que le trépan soumet vos têtes à ces incisions circulaires, chefs-d'œuvre de l'art chirurgical, chefs-d'œuvre de perfection de toutes les souffrances humaines !!!

Et ce sont les criminels provocateurs, les approbateurs éhontés de nos divisions intestines, de toutes ces scènes horribles et déchirantes, qui ont la bonté de se croire, l'impudeur de se proclamer les seuls bons citoyens, les seuls Français par excellence !!!

Et cependant, mes jeunes amis, tels sont les doux fruits, les résultats positifs de leurs sublimes conceptions, de leurs libelles, de ces véhémens articles de journaux, que vous admirez !!! ....

Mais j'entends, d'ici, la voix flûtée d'*un jeune-France*, d'un chef de file, ayant tout chaud reçu la consigne du grand moteur invisible, siégeant entre quatre impénétrables tapisseries, lequel *jeune-France*, vigoureusement ferré à glace et se soutenant avec fierté sur ce terrain glissant, me jette au nez avec audace, ces paroles puissantes, en style d'oracle :

« Au diable ! le vieux conteur avec ses homélies : en » révolution *le succès est tout;* notre seul tort est de n'a- » voir pas réussi. Si la France se fâche, nous nous éclip- » serons, cachés dans nos brillans repaires : si elle s'endort » sur les bords du précipice, si le gouvernement recule » d'un pas, nous avancerons de quatre, de cent, de mille, » car, pour nous, fut fait tout exprès l'admirable pro- » verbe : Si tu avances, je recule; si tu as peur, ah ! c'est » alors que nous pousserons ferme. Les droits des citoyens, » des républicains, sont imprescriptibles ! etc., etc. »

Et vous, mes chers jeunes pauvres innocens, voilà donc le *galbanum*, la poudre de niais, ces éternels rébus Jacobino-Républicains qui caressent si délicieusement les oreilles de gens d'esprit de votre force !!!

Mais abondons, un moment, dans votre sens. Allons ! le cœur à la joie, mes chers camarades, vivat ! la république a triomphé. A bas le roi, à bas les princes, à bas les pairs, à bas les députés : déchirons, foulons aux pieds et la Charte et les lois; pendons, pendons les ministres, et la police et les mouchards; pendons, pendons, tuons, massacrons, et morbleu ! surtout, gardons-nous bien d'oublier les gendarmes. Hourra ! vivat ! et cent millions de fois vive ! vive la république !!!

Le lendemain : oui, ni plus, ni moins, pas un jour avec : le lendemain, changement de scène; oui, le lendemain, vous seriez complétement désappointés, pour sûr complétement époumonés, mais, certes, vous n'en seriez pas plus gras.

— De deux choses l'une : —

Ou, par suite de ce perfectionnement en révolutions, comme dans tous les arts, cette transition de la royauté constitutionnelle à la république se ferait à *l'eau rose*, sans coup férir, avec un liant, un moelleux vraiment admirables (les derniers événemens de Lyon et de Paris prouveraient cependant un peu le contraire) :

Ou bien, cette révolution serait rouge, rouge de sang, c'est-à-dire, et c'est plus que probable, éminemment *jacobine*..... (Ah ! veuillez bien le comprendre, nous vous en conjurons avec affection.)

— Dans la première hypothèse, quelques ambitieux s'empareraient, tranquillement, du pouvoir, destitueraient, destitueraient avec la plus douce modération, mille, dix mille, vingt mille fonctionnaires publics expérimentés, pour bourrer les ministères et les administrations, etc., de tous leurs parens, cousins, arrières-cousins jusqu'au 17e. degré ! Mais ces destitutions, au pas de course, seraient loin encore de suffire à l'appétit républicain, soyez-en bien convaincus.

Le mois, à peine écoulé, ces bons gouvernans créeraient cent mille nouveaux emplois, s'il le fallait, sinon pour assurer les rouages du service, qu'ils ne feraient qu'entraver, du moins pour se maintenir au pouvoir, en multipliant le nombre de leurs créatures. Bravo ! voilà encore cent mille camarades qui crieraint, noblement, vive la république ; mais enfin, tout a un terme, et même les créations d'emplois.

Eh ! bien, le trimestre ne se passerait pas sans entendre un beau bruit. Trois ou quatre millions de très-beaux et honorables jeunes gens aux forts poumons, f raient un vacarme infernal, se plaindraient des atroces injustices de ces très-dignes, très-modérés et très-vertueux gouvernans de la république, les citoyens président, consuls, dictateur, procurateurs (tout comme vous voudrez les appeler), ainsi que de la morgue, brutalité et méfaits des excellens citoyens ministres.

Voilà votre chance, à vous, bons et honnêtes jeunes gens. Convenez qu'elle n'est pas séduisante. En vous faisant large part, un sur quarante, serait plus ou moins bien loti, et trente-neuf resteraient sous la remise, en expectative indéfinie.

— Dans la seconde hypothèse, la vraie, la bonne république, rouge, rouge de sang, votre chance à vous, triples mauvais sujets, triples bandits, vil rebut des tripots, clubs, bouges, cavernes et bagnes, vous, braves gens, honnêtes citoyens du bon temps; vous, intrépides coquins, sans Dieu, ni foi, ni lois, et parbleu! vous la connaissez mieux que moi, cette seule chance que vous êtes tout prêts à saisir avec vos griffes de tigres : oui, oui, vous la connaissez mieux que moi, cette délectable et terrible chance; prenez, prenez donc la parole, et, avec cette âpre éloquence de francs scélérats, allons! frères et amis, point, point de vergogne, déroulez-nous vos plans si neufs, retrouvés dans la boue, dans la poche du grand citoyen, l'auguste Marat, au fond de l'égoût *Montmartre*.

« Nous voulons :

» 1°. La loi agraire; le partage des biens quels qu'ils » soient, fonciers ou mobiliers, tout nous convient : à » prendre tout est bon, nous ne sommes pas difficiles sur » cet article.

» 2°. La religion naturelle dans sa plus grande exten- » sion, *ergo*, la communauté des femmes, car nous n'a-

» vons pas fait prêcher, depuis cinq ans, nos très-braves » et très-niais Saint-Simoniens pour des prunes.

» 3°. Pour gouvernement, notre volonté.

» Ces trois petits paragraphes composent tout notre » code, et nous n'en voulons pas d'autre.

» Guerre aux châteaux! (et nous ajouterons) guerre » aux chaumières! Pour peu qu'il y ait un jambon à dé- » crocher et une fille à insulter.

» A bas! les nobles, anciens, nouveaux : à bas la ca- » lotte! à bas les riches! pairs de France ou épiciers, c'est » tout un; à bas! à bas! En un mot, tous les dissidens, » ou, ce qui est la même chose, tous les propriétaires.

» Voilà notre politique à *l'intérieur;* en ayant grand » soin, ça va sans dire, de couper le cou lestement et pro- » prement par centaines, par milliers, aux opposans, » *quels qu'ils soient......*

» A l'extérieur, guerre aux despotes! guerre à outrance! » guerre de propagande! Nous donnerons généreusement, » à tous les peuples, notre admirable liberté : nous pren- » drons en échange et à pleines mains et partout, l'or, l'ar- » gent et les denrées. »

Ceci est court, franc et clair, nous avons dit. »

Jeunes et gentils camarades, aux cœurs généreux, qu'en pensez-vous?

Certes, ce n'est pas ainsi que nous l'entendons, vous écriez-vous, vos belles joues rougissant d'une noble pudeur!

Eh-bien! nous vous le jurons sur l'honneur, sur la garde de nos vieux sabres, voilà très-positivement, très-indubitablement, les immenses et précieux avantages qui ressortiraient de cette horrible et exécrable république, que de vils, de perfides folliculaires, salariés par d'infâmes, de lâches scélérats qui restent honteusement cachés derrière la tapisserie, prétendent imposer à notre France.....

Vous frémissez, chers camarades; mais un moment encore, écoutez, écoutez jusqu'au bout.

Par la terreur, et uniquement par la terreur, en six mois de temps, les socs de charrue, sur la surface de toute la France, seraient transformés en baïonnettes : douze cent mille hommes, organisés en six armées, se rueraient sur l'Italie, l'Allemagne, la Prusse, l'Espagne, etc. L'alliance avec l'Angleterre (si convenable, si utile aux deux pays) serait rompue; nos colonies africaines (la plus belle page de l'histoire du siècle, conquête la plus profitable, si l'on ne se laisse pas étourdir par des sophismes, conquête dont je démontrerai, une autre fois, les immenses avantages) seraient nécessairement abandonnées. Des impôts excessifs (et nullement indirects) seraient frappés au marc le franc, sur les revenus; des réquisitions de toute espèce (payables, quand le trésor serait en mesure, et l'on pourrait alors s'armer de patience) réquisitions exigées, au reste, avec cette modération républicaine, dont la tradition ne saurait se perdre, *la peine de mort*..... ajouteraient à la satisfaction générale.

En outre, au besoin (et besoin serait, gardez-vous d'en douter), on en finirait promptement avec les rentiers, ces maudites sangsues qui sucent, qui épuisent l'état, en demandant, fort impoliment, tous les semestres, l'intérêt de l'argent qu'ils ont placé avec confiance sur le gouvernement.....

Comme tout se perfectionne, leur dirait-on, vous aurez un joli *quart consolidé*, car ce vieux tiers était un véritable abus.

Cette ressource épuisée, il resterait les assignats !!!

Et, certes, les fabriques républicaines ne nous en laisseraient pas manquer..... Les grands hommes d'état, même les financiers républicains, sont trop polis pour prononcer le mot banqueroute, mais la chose vaut bien le mot....

Qu'importe, en effet, et l'or et l'argent et le sang et la ruine du pays, quand il s'agit de tailler vite et de tailler en grand!

Mais la guerre est décidée, quelque moderne Carnot a tout prévu.

— Entrons, entrons en campagne. —

En avant! donc, mes chers camarades; en avant! marchons....

Malgré l'opposition de quelques centaines de mille hommes observant nos frontières, le mouvement imprimé aurait tant de *grandiose*, le choc serait si puissant (je veux bien le croire, et même je parierais pour des victoires en débutant; la première impulsion française est si vive, si entraînante, le torrent si rapide!) Le choc serait donc si puissant, que nos armées, partout triomphantes, auraient encore l'extrême bonheur d'étriller, à fond, les Autrichiens, les Prussiens, les Russes, les Espagnols, sans oublier nos bons amis, les Hollandais.

O! quel ravissant plaisir de les voir détaler à qui mieux mieux, *antiquo more*, ainsi que dans ces grandes campagnes du grand empereur. Vive! alors, les bulletins, ce serait une vraie jubilation et Dieu sait, si l'on se battrait, en s'arrachant les journaux!

Entrée à Milan, à Berlin, à Dresde, à Munich, entrée à Vienne, etc., tout en négligeant Moscou et pour cause. Voyez-vous les populations se portant en foule au devant de nos braves, baisant nos drapeaux: et le son des cloches et les vivat, les chapeaux en l'air, les farandoules ou farandoles, voyez, voyez, entendez: Vive! la liberté! vive! la France! et les beaux lieutenans donc, (soupire, tout bas, mainte naïve et douce Allemande....) Et enfin, enfin, ce qui ne gâte rien, contemplez donc, le cœur ému, (pour mon compte, j'en pleurerais de réminiscence) contemplez ces bons, ces loyaux Allemands (car chez eux, c'est de règle) accourant, l'un, la bouteille de vin du Rhin à la main; l'autre, le pot de bière au poing; celui-ci, la longe de veau sous le bras; tel, suivi d'un énorme et succulent jambon, orné de giroflées et, voire même, entouré de gelée de groseilles; noble jambon! majestueusement porté par quatre de ces belles servantes, *historiques*, que nourrissent grassement la Souabe et la Bavière; tous et toutes s'arrachant, à l'envi, généraux, officiers, soldats: pas un tambour, pas un fifre, n'est oublié. O! ces bons Germains sont admirables!

— Voilà le beau côté de la médaille. —

— Voyons le revers.

Hélas! l'année ne se passerait pas (et je suis loin d'exagérer) sans de terribles mécomptes.

D'abord (vous aurait dit mon brave caporal *Prêt-à-boire*, que j'ai laissé dormir un peu trop long-temps), d'abord, comprenez bien, mes chers amis, qu'on n'entretient pas un million d'hommes en pays étrangers, aussi facilement qu'un serin en cage.

Cette réflexion profonde est d'une vérité incontestable, vous en conviendrez; et là gît l'enclouure de toutes les invasions passées, présentes et futures.

En effet, dès la première semaine de l'occupation, des réquisitions en grains, fourrages, chevaux, bestiaux, draps, toiles, cuirs, fers, seraient frappées, accompagnées, il est vrai, d'un préambule où domineraient les formes les plus polies: pour les fleurs de rhétorique, pour la littérature *réquisitionnaire*, *intendans, commissaires des guerres ou académiciens*, c'est synonyme:

Les bons Allemands, les Prussiens pas si bons, les Italiens fertiles en révérences, mais éminemment durs à la détente ; les Espagnols, prodigues de gousses d'ail, mais très-chiches de leurs denrées ; les Hollandais, si souvent écremés, et nullement jaloux de l'être encore, commenceraient, dès-lors, à se gratter les oreilles plus ou moins fort.

Ce n'est pas tout : on ne vit pas seulement de la vie matérielle ; on a des cœurs.....

Un million d'hommes, en pays étrangers, qui ont dû quitter l'amour pour la gloire, qui ont laissé en France leurs jolies cousines, leurs douces voisines et bonnes petites amies, si rieuses, si gentilles, ne peuvent pas toujours vivre comme de révérends pères capucins. Intrigues, intrigues donc dans toutes les maisons et à tous les étages, c'est de règle encore ; mais le diable s'en mêle quelquefois, tout le monde n'a pas son petit pain cuit ; dès-lors, il y a urgence et il faut se pourvoir *comme on peut*. On bat les villes, bourgs et villages, du matin au soir, en traînant *le bancal* et en faisant sonner ses bottes sévèrement sur le pavé. On passe ainsi, vingt fois pour une, sous les fenêtres des belles, on vous les dévore sans trop de façon jusqu'au blanc des yeux (un chien regarde bien un évêque). Et morbleu ! un beau militaire français peut bien reluquer une belle femme, une jolie fille, fût-ce même une baronne à trente-deux quartiers !

Les maris, les amoureux indigènes, commencent alors à se gratter le front..... et les affaires des conquérans, *à dater de ce moment*, vont de mal en pis.

Les agens des despotes (despotes qui n'ont pas perdu leur temps, qui ont réorganisé leurs armées), les agens des despotes allument les esprits. Des ennemis innombrables reprennent l'offensive sur tous les points. Les populations (auxquelles les gracieux souverains promettent, pour la cinquième ou sixième fois, l'octroi immanquable et positif d'une belle et bonne charte dûment conditionnée), les populations surgissent, se lèvent comme un seul homme, le courroux dans l'œil, les armes à la main, se pressent, débordent par millions. Le mouvement est électrique, toute l'Europe s'organise, se rue en masse, et quand les peuples s'en mêlent, vous le savez bien, parbleu! mes chers camarades, les affaires sont lestement bâclées.....

On a beau former le bataillon carré, serrer la colonne, faire bravement, dans de très-savantes retraites *à la Belle-Isle* ou *à la Moreau*, le *feu de chaussée* du matin au soir : les pièces d'artillerie, attelées *à la prolonge*, ont beau protéger les flancs et vomir très-libéralement la mitraille; peine et poudre perdues! valeur inutile! Il faut lestement repasser les frontières, et l'expédition peut, suivant le *caporal* Prêt-à-Boire, se résumer de la manière suivante :

— Un milliard pour l'entrée en campagne, perdu.

— Un milliard et demi levé sur les pays ennemis, soit en argent, soit en denrées, mangé, à l'exception pourtant de trois belles fortunes faites par des fournisseurs.

— 500,000 fr. versés pour la forme au trésor de la république....... Ce que c'est que la conscience!

— De plus, deux colonels, devenus généraux en chefs (de ces illustres, de ces brillans *maréchaux d'empire! de France!* plus n'est la mode, il n'en est plus question).

— Quarante-trois caporaux ou soldats, ayant vigoureusement arraché les épaulettes de généraux de brigade.

— Deux cent cinquante sergens ou maréchaux-des-logis, promus au grade de chefs de demi-brigade.

— Morts sur les champs de bataille ou dans les hôpitaux.	400,000
— Blessés.	250,000
— Prisonniers.	200,000
— Égarés.	50,000
— Revoyant la France, plus ou moins écloppés.	300,000
Total. . . .	1200,000

Voilà le compte exact de ces douze cent mille hommes qui avaient cédé si gaiement, quinze mois auparavant, à ce noble, à ce beau mouvement excentrique, pour se précipiter comme des lions sur l'Europe alarmée.

Enfin, enfin, car il ne faut rien oublier, tous les peuples repoussant à l'envi, et à jamais, tout ce qui porterait pour étiquette le mot *liberté*, ce qui serait un malheur irréparable, car la liberté, la vraie et sage liberté est un trésor inappréciable.

Ouf! respirons un peu, s'écrie tout essoufflé un bel élève de l'école polytechnique.

Respirons un peu! il est bon là, le camarade, lui fait notre éternel caporal Prêt-à-boire, il est bon là, le monsieur, on va lui laisser prendre ses aises! Quand trois cent mille soldats exténués ont sur les talons un million cinq cents mille homme de troupes fraîches, on va lui bassiner un lit au sucre à ce mignon! Au bivouac, camarade, dans la boue, la tête appuyée sur ton sac, si tu as eu l'esprit de le conserver, la force de le porter. Eh! oui, l'ami, nous en voilà revenus aux fournitures, aux rations de la république : elles sont propres, elles sont cossues ces provendes, ces fournitures! Adieu, les jambons de Mayence!

Le pain *d'amunition* pour toute pitance... Adieu, adieu, ce bon vin du Rhin! de l'eau trouble pour toute boisson... Adieu, adieu, ces belles bottes, à bon marché : le cuir pour rien et la façon gratis; il nous faut piocher, à présent, dans ces maudits chemins pierreux avec ces chiens de souliers à semelles de carton! Ces coquins de fournisseurs! ils demanderont, peut-être encore des brevets d'invention!

Coupons court. — La France est envahie. Partagée, non pas : on ne partage pas trente-trois millions d'hommes comme une pomme d'Apis. Trente-trois millions d'hommes! c'est terriblement élastique, ça se rejoint au moment où l'on y pense le moins, mais on rogne le territoire à discrétion, car, décidément il faut, une bonne fois, en finir avec la république. Ce n'est plus seulement, alors, la volonté des rois, c'est *la volonté des peuples*, et celle-là, quand elle est juste, régit l'univers!

A nous, l'Alsace : à nous, la Lorraine : à nous, la Flandre : à nous, le Languedoc et la Provence : à nous, Lyon, le Dauphiné, La Bresse, aux tant belles, succulentes et merveilleuses poulardes, à nous, la Franche-Comté et ses mémorables vins de Paille!

Les voyez-vous, ces vilains modèles, ces bons alliés! comme ils besognent, comme ils taillent en plein drap!!!

A présent, nous disent-ils, en nous fumant sans façon leurs pipes au nez, à présent, que la France s'arrange du reste, comme elle l'entendra : royaume, empire ou république, qu'importe le nom! qu'elle soit affaiblie, voilà l'essentiel.....

Que Bourges redevienne le centre d'un royaume, portant son nom, ou que cette ville soit le chef-lieu d'une petite république à la taille de l'illustre et incomparable citoyen Cabet, d'une savante petite république qui lui offre son fauteuil *historique*, cent fois qu'importe ! Rognons, rognons le territoire, et pour quinze cents millions qu'on nous a ravis, exigeons, des départemens restant sous la gracieuse et paternelle domination républico-Cabet, trois ou quatre milliards.....

Jubilez donc, mesdames les marquises et comtesses des nobles faubourgs Saint-Honoré et Saint-Germain ; les voilà, les *revoilà* donc enfin ces bons amis, les ennemis !!!

Mais voilà, aussi, un petit mécompte, dont vous ne vous doutiez pas. Vous avez eu beau vous faire faire, dans le dernier genre, les robes les plus séduisantes, dites *à la Bedeau*, mi-partie en lestes gazettes, mi-partie en lourdes quotidiennes ; ces brutaux d'officiers prussiens, autrichiens, cosaques et kalmuks ne vous en savent pas le moindre gré, les ingrats ! et messieurs leurs caissiers généraux exigent brusquement, mais empilent avec grâce dans leurs vastes coffres, vos pièces légitimistes de 5 francs, votre quote-part de l'impôt de guerre, tout comme si vous étiez des marchandes d'orange du Pont-Neuf.....

Concluons et concluons vite, car le caporal Prêt-à-boire commence à s'enrouer, a besoin de repos, pour pouvoir être à même de dispenser, plus tard, partout où l'inexpérience présomptueuse le nécessitera, les avis de sa paternelle et haute sagesse.

Sa mâle franchise n'aura pas trop déplu, nous l'espérons, à tous nos jeunes lecteurs, susceptibles d'apprécier la pureté de ses intentions.

Mais écoutez, écoutez, le digne caporal remue encore les lèvres et il se résume ainsi :

O vous ! vieux rabâcheurs de république ; votre éternelle eutopie est impraticable, vous le savez bien, mais le chaos vous est nécessaire pour pouvoir pêcher, tout à votre aise, en eau trouble, et voilà, aussi, ce que nous savons parfaitement. — Ne l'oubliez plus. —

Vous ! très-ingénieux *henriquinquistes*, cessez donc enfin de vous déshonorer, en jetant des gimblettes au monstre révolutionnaire.....

On n'apprivoise pas les tigres avec des meringues à la rose ou à la vanille.....

Pour prix de votre honteuse alliance, ils vous devoreraient tout les premiers.....

O ! inconcevable aveuglement des opinions exagérées.... Vous ! vous tous, dont les noms rappellent si glorieusement les plus beaux traits de notre antique histoire, vous si remarquables par l'urbanité de vos formes, l'aisance, le brillant, le fini de vos manières, les grâces, la finesse de votre esprit, (esprit si malheureusement faussé par l'orgueil et les sophismes les plus absurdes) ah ! comment pouvez-vous sourire aux enfans des bourreaux de vos pères ?..... leur pardonner : au besoin, généreusement les servir, était digne de vous, mais les réchauffer dans votre sein.....

Assez, assez de démence comme cela.....

Ah ! si la France a besoin de l'appui tutélaire du roi qu'elle s'est choisi : ce palladium, à vous, mes beaux messieurs et mes belles dames, vous est indispensable, à vous, bien plus qu'à toutes les autres classes de Français,

Et à vous autres, aussi, à vous autres surtout, pieux ministres des autels !

Cessez donc les uns, d'insulter si platement, si inconséquemment, ce qu'en bonne conscience vous devez respecter et chérir du fond du cœur, et vous autres, vous messieurs les abbés que nous vénérons à l'autel ou près du lit des malades, ou soulageant les pauvres, cessez de vous montrer hostiles ou d'affecter cette coupable indifférence ;

car se taire ne suffit pas, quand par devoir, on doit prêcher la concorde.....

Vous ! mes très-chers et très-gentils petits camarades, aux formes prétentieuses, ce qui est un ridicule à tout âge, un contre-sens à vingt ans, une manie, de toutes, la plus antipathique à notre caractère national (noble, aimable et franc caractère que vous dénaturez si pitoyablement) ; vous, mes très-chers et très-gentils petits camarades, de *votre ton*, adoucissez un peu *l'éclat*, et répétez-vous de temps en temps, en conversant sagement avec vos oreillers :

« Cette innombrable et vaillante garde nationale de » France, dont celle de Paris peut, à bon droit, se dire » l'orgueil et la gloire, *veut* le système que *nous ne vou-* » *lons pas*.

» Elle se compose de nos pères, de nos aînés : elle doit » en savoir plus que nous. Elle pourrait bien en nous » donnant, avec toute justice, une bonne fois très-sévè- » rement sur les doigts, faire entendre enfin sa voix re- » doutable, et nous crier :

» Enfans ! à l'école........

» Enfans ! taisez-vous...... »

Elle a droit de vous dire, cette élite de la nation : « Le » monde a été assez long-temps renversé, assez long-temps » l'on a mis la charrue devant les bœufs, assez long-temps » tout a été de travers : à nous les conseils, au roi le gou- » vernail ; tout alors ira bien. »

Oh oui ! mille fois oui, au roi son sceptre, aux chambres les lois, à l'expérience les avis ; oui alors, seulement alors, tout ira bien.

Quand la France arborera hautement son étendard, quand la pusillanimité, cette vile tactique de ménager la chèvre et le chou (si souvent employée, même par les autorités, qui en paraissant douter du jour présent, ont trop fréquemment l'air de vouloir se ménager une porte de derrière pour le lendemain). Oui, tout ira bien, quand cette honteuse couardise sera partout honnie et bafouée comme elle le mérite.

Oui, tout ira bien, quand nous aurons su nous créer un esprit national, un caractère franchement prononcé ; quand enfin tout Français, digne de ce nom, dira en face les gens clairement et noblement :

— Mon opinion, la voici :

— Le cas échéant, je combattrai pour le gouvernement, le maintien des lois, la conservation de la vraie liberté, du bon ordre.

Vous! gazettiers, journalistes, écrivains de tout étage, auxquels les récentes catastrophes dont la France gémit, ne peuvent réussir à dessiller les yeux (car vous êtes des aveugles volontaires), la garde nationale, cette imposante élite des Français; et la nation en masse, villes et campagnes; la nation en masse vous crie :

« Misérables ! comment osez-vous encore persévérer » dans de tels erremens? Si tout se résumait avec des flots » d'encre, des flots de votre bile plus noire qu'elle encore, » on pourrait concevoir votre détestable opposition ; mais » quand la perfidie de vos sophismes, de vos impudens » mensonges, se traduit avec le sang, le sang le plus pur, » le sang de nos gardes nationaux, de nos soldats, quand » à peine il est étanché, vous vous efforcez de le faire » couler encore........ Infâmes ! la France indignée vous » renie, vous renie tous : la France en courroux se lève » entière, et pour la dernière fois vous répète : L'abus, la » licence, le dévergondage de la presse n'en sont pas la » liberté; votre opposition n'est plus un droit, elle est » de tous les crimes le plus exécrable.... le plus irrémis-

» sible..... Infâmes ! la France vous terrasse, vous anéan-
» tit sous le poids de son éternelle, de son immense, de
» de son universelle malédiction.....

» La France veut en finir, elle veut la liberté, la paix
» et le repos : la liberté, la paix et le repos avec l'hon-
» neur ; avec l'honneur dont elle est bon juge, messieurs,
» sans avoir besoin de prendre vos leçons, de se soumettre
» à vos avis.

» La liberté, telle que vous nous la taillez ; la liberté,
» avec votre presse vomissant chaque jour, à chaque in-
» stant et l'injure et la calomnie, la liberté, avec vos bar-
» ricades à chaque coin de rue, vos coups de fusil en pleine
» paix, au sein des cités..... avec la mort frappant le ci-
» toyen paisible, le père de famille, tout chaud encore
» des baisers de sa femme, de ses enfans, et se rendant
» tranquillement à ses affaires.....

» Une telle liberté, grands dieux ! Ah ! plutôt cent
» fois la vie dans les bois, la vie des sauvages, la nature
» brute, que la civilisation telle que vous la comprenez....
» telle que vous nous la faites.....

» De telles aberrations ne sauraient prendre chez nous,
» ne sauraient fausser à ce point le caractère national :
» non, mille fois non, la France n'en veut pas, tenez-le
» vous, une bonne fois, pour dit.

» Et ceci n'est point, comprenez-le donc enfin, ceci n'est
» point l'opinion d'un individu. Non, ceci n'est point la
» voix seule, d'un Français, voulant ardemment le bien :
» elle serait étouffée par vos savantes vociférations. Cette
» voix a pour écho, trente millions d'honnêtes gens,
» croyez, croyez-nous enfin, messieurs, il y a lieu d'y ré-
» fléchir. »

Au reste, je m'y attends, vous allez très-chers et honorables rédacteurs, auteurs, orateurs de clubs, de bouges

ou de tripots, vous aussi coryphées de certains salons : brillans ou sales orateurs, richement en-pantalonés ou tout simplement sans-culottes, vous tous bonnes gens, sinon vêtus du même drap, mais, du moins, tous pétris de cette farine sortant du même moulin, vous allez, tous, élever contre moi un *tolle* épouvantable.....

Cris impuissans ! fureurs bizarres ! ou mieux, et ainsi que l'aurait dit le très impassible caporal Prêt-à-boire :

« Ces camarades-là ne croient-ils pas qu'ils vont nous » effrayer ! Eux !!! Allons donc,

— » Ils font peur aux mouches ! » —

Parbleu ! messieurs, ce serait aussi par trop commode : vous auriez le droit de tout attaquer, de tout insulter, de tout bouleverser, et nous autres qui voulons tout conserver, tout améliorer, qui voulons édifier enfin sur des bases solides, nous serions condamnés à nous taire, à tendre docilement le dos !... Halte-là, cent fois halte-là : allons, allons donc et au plus vite, rayez, rayez croyez-nous, cet article-là de vos tablettes..... Camarades, c'est aussi par trop fort ! nous n'entendons pas et nous n'entendrons jamais la Charte et la liberté de la presse de cette oreille-là, et, certes, nous les comprenons un peu mieux que vous !

Terminons, et répétons-le sans cesse :

Oui, tout ira bien quand on ne se permettra d'écrire que dans un but de ralliement, de conciliation.

Oui, oui, tout ira bien, quand les cent mille plumes qui fomentent les troubles, seront brisées, sinon par les lois, du moins par le dégoût, l'animadversion des gens de bien, nombreux, si nombreux, partout en immense majorité, mais qui se taisent et se laissent faire comme des...... Le caporal Prêt-à-boire n'est point là, en ce moment, pour finir la phrase et, cette fois, je ne le regrette pas, car j'en suis sûr, son épithète eût été composée de deux mots diablement poivrés ! de deux mots formant douze lettres furieusement sonores !

O ! mon pays ! que d'élémens de prospérité, de grandeur tu renfermes dans ton noble sein, si nous avions l'esprit, le bon esprit, tous, de nous rallier franchement, tous, de nous serrer une bonne fois la main, en nous pressant autour d'un roi si éminemment français, de cœur, de caractère : d'un roi, grâce à Dieu, aussi ferme que prudent, d'un roi si bien intentionné, si disposé à départir à la France toutes les institutions, toutes les libertés qui ne sauraient lui être nuisibles ; d'un roi, enfin, dont la céleste mission ne saurait être enviée par personne !!!

Ah ! cette auguste mission ne peut obtenir sa récompense, *ici-bas* : le prix en est immense, aussi noble que glorieux, mais il faut le chercher, le conquérir *plus haut*......

FIN.

www.ingramcontent.com/pod-product-compliance
Lightning Source LLC
LaVergne TN
LVHW010305230826
846091LV00007BB/2714

* 9 7 8 2 0 1 1 7 5 1 7 6 8 *